Las familias a lo largo del tiempo

Jeanne Dustman, M.A.Ed.

Asesoras

Shelley Scudder
Maestra de educación de
estudiantes dotados
Broward County Schools

Caryn Williams, M.S.Ed.
Madison County Schools
Huntsville, AL

Créditos de publicación

Conni Medina, M.A.Ed., *Gerente editorial*

Lee Aucoin, *Diseñadora de multimedia*
principal

Torrey Maloof, *Editora*

Marissa Rodriguez, *Diseñadora*

Stephanie Reid, *Editora de fotos*

Traducción de Santiago Ochoa

Rachelle Cracchiolo, M.S.Ed., *Editora*
comercial

Créditos de imágenes: Portada, págs. 1,
2–3, 29 (abajo) Thinkstock; págs. 5, 7, 9,
20, 21, 23, 25, 26, 28, 29 (arriba) Alamy;
págs. 15, 19 Associated Press; pág. 17
Corbis; págs. 14, 22, 24, 32 Getty Images;
pág. 6 Jeanne Dustman; págs. 8, 12, 16, 18
The Granger Collection; pág. 4 The Library
of Congress [LC-USZ6-1827]; pág. 10 The
Library of Congress [LC-DIG-fsa-8b30017];
todas las demás imágenes pertenecen a
Shutterstock.

Teacher Created Materials

5301 Oceanus Drive
Huntington Beach, CA 92649-1030
http://www.tcmpub.com

ISBN 978-1-4938-0536-5

© 2016 Teacher Created Materials, Inc.
Printed in Malaysia
THU001.48806

Índice

Esta es una familia grande de hace mucho tiempo.

¿Qué es una familia?

¿Qué es una familia? Una familia es un grupo de personas que se aman entre sí. Se ayudan unos a otros. Se mantienen seguros entre sí.

Esta es una pequeña familia de hoy.

Hay muchos tipos de familias. Algunas son grandes. Otras son pequeñas. Algunas tienen personas que están **relacionadas** entre sí. Están conectadas por medio del nacimiento, la adopción o el matrimonio. En otras, sus miembros no están relacionados entre sí. Pero pueden estar conectadas de otras formas.

Algunas familias tienen mamás y papás. Otras
tienen hermanas y hermanos. Algunas tienen abuelos.
Otras tienen tías y tíos. Algunas también tienen primos.
¡Otras familias tienen incluso mascotas!

Esta familia tiene dos mascotas.

Pero una familia no necesita tener muchos miembros. Puede estar hecha de dos personas que se cuidan entre sí. O puede tener 10 miembros que cuidan unos a otros. El número de personas no es importante.

Esta familia tiene una mamá, dos hijas y un caballo como mascota.

Trabajar y jugar

Hace mucho tiempo, las familias trabajaban muchas horas cada día. Había mucho que hacer en casa. Todos tenían que ayudar. No había **máquinas** tales como aspiradoras para ayudar a mantener la casa limpia. Los niños también tenían que ayudar.

Esta familia trabaja en su granja hace mucho tiempo.

Hoy en día, las máquinas hacen que sea más fácil mantener una casa limpia. Los niños todavía ayudan en casa, pero también tienen tiempo para ir a la escuela y divertirse.

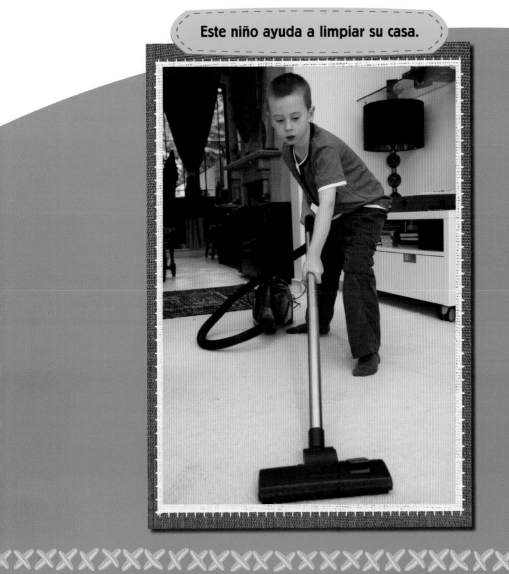

Este niño ayuda a limpiar su casa.

Las familias acostumbraban cultivar y preparar todos sus alimentos. Pasaban mucho tiempo en sus jardines y cocinas. El pan se hacía en el horno. La mantequilla era batida, o agitada, a mano.

Esta niña bate mantequilla en 1939.

Hoy en día, las familias pueden comprar comida en una tienda de alimentos. También pueden comprar comida en restaurantes. Las familias tienen más tiempo ahora porque no tienen que preparar toda su comida. Pueden usar este tiempo para trabajar o divertirse.

Esta familia come en un restaurante.

Hace mucho tiempo, las familias tenían que hacer su propia ropa. Las mujeres a menudo hacían la ropa para sus familias. Esto tomaba mucho tiempo y era un trabajo duro.

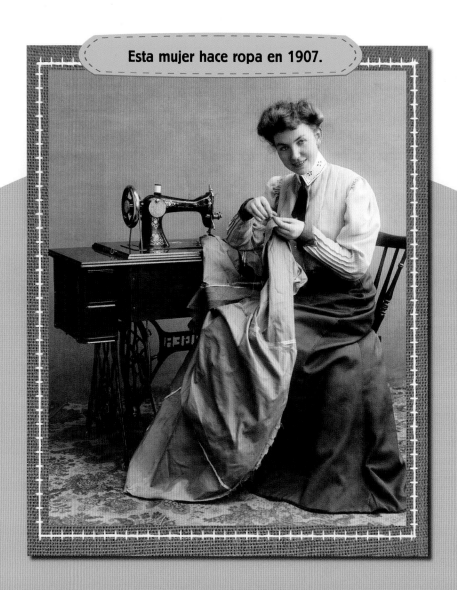

Esta mujer hace ropa en 1907.

Entonces, aparecieron las **fábricas**. Las fábricas son lugares donde se hacen muchas cosas. Allí, la ropa se hacía de forma rápida y fácil. Las personas abrieron tiendas de ropa. Los trenes llevaban ropa de las fábricas a las tiendas en muchos lugares. Hoy en día, la mayor parte de las familias compra su ropa en tiendas.

Comprando en línea

La mayoría de las tiendas tiene sitios web donde la gente puede comprar cosas desde su casa. Hoy en día, la gente puede comprar ropa en línea.

Esta familia compra en línea.

Esta familia se divierte en un bote en 1950.

Hace mucho tiempo, las familias tenían que trabajar la mayor parte del tiempo. Pero también se divertían juntas. Las familias jugaban. Cantaban canciones. También visitaban a sus **familiares** y amigos. Disfrutaban del aire libre. Los niños también jugaban con sus amigos y mascotas.

Esta familia está acampando.

Hoy en día, las familias siguen encontrando maneras de pasar tiempo juntas. Juegan videojuegos. Hacen viajes. Viajan en aviones y en autos.

Un lugar llamado hogar

Un hogar es un lugar donde vive una familia. Es donde una familia come y duerme. Un hogar es donde una familia organiza **celebraciones**. Las celebraciones son fiestas para días especiales. Una familia crea **recuerdos** para su hogar. Los recuerdos son cosas que la gente rememora sobre el pasado.

Esta familia construyó una casa hace mucho tiempo.

Hace mucho tiempo, las familias tenían que construir sus casas. Hoy en día, la mayoría de las familias no construye sus casas. Las compran o las alquilan de otras personas. Algunas casas son para una familia. Otras viven en edificios con muchas familias. Pero lo mejor de un hogar es que una familia vive en él.

Esta familia compró una casa.

Hace mucho tiempo, muchos niños aprendían en sus casas.

Las familias aprenden

Hace mucho tiempo, muchos niños no tenían tiempo para ir a la escuela. Los niños que vivían en el campo necesitaban ayudar en el cultivo de la tierra y las tareas del hogar. Aprendían en casa. Los niños que vivían en la ciudad a menudo aprendían en la escuela. No tenían tantas tareas en el hogar. Y tenían más tiempo para aprender.

Hoy en día, los niños van a la escuela.

Hoy en día, la **ley** dice que todos los niños tienen que ir a la escuela. Algunos pueden hacerlo desde sus casas. Esto se conoce como *educación en el hogar*. Los niños que reciben educación en sus casas tienen que demostrar que aprenden tanto como los que van a la escuela.

Manteniendo el contacto

Hace años, los miembros de una familia vivían a menudo en la misma ciudad. Todos los días se veían. Hoy en día, algunos familiares viven lejos. Se extrañan. Pero encuentran nuevas maneras de hablar y de mantenerse en contacto. Las personas se pueden llamar por teléfono. También pueden enviar mensajes por correo electrónico.

¡Hablemos!

Hace mucho tiempo, los hogares no tenían teléfono. Las personas se escribían cartas. Hoy en día, la mayor parte de la gente tiene teléfonos celulares y computadoras.

Esta familia habla por teléfono.

Las familias también organizan **reuniones**. Todos sus miembros conversan y comparten historias. Esto les ayuda a permanecer cerca unos de otros.

Esta es una reunión familiar.

¡Celebremos!

A muchas familias les gusta celebrar. Pueden organizar celebraciones de cumpleaños, días de fiesta o de bodas. Las celebraciones pueden ser grandes. O pueden ser pequeñas. Las celebraciones son momentos en que las familias están felices.

Esta familia celebra un cumpleaños en 1953.

A muchas familias les gusta celebrar con comida. A otras les gusta celebrar con juegos. Algunas celebran con música y bailes. Las celebraciones ayudan a las personas a mantener el contacto con sus familias. Ayudan a que las familias creen recuerdos.

¡Tiempo de celebrar!

Los estadounidenses celebran muchas fiestas. Estas incluyen el Cuatro de Julio, el Día de la Madre y el día de Acción de Gracias.

A esta familia le gusta celebrar con comida.

Historia familiar

Las familias tienen **tradiciones**. Las tradiciones son formas de hacer las cosas que una familia ha hecho desde hace mucho tiempo. Las familias pueden tener recetas especiales para preparar en los días festivos. O pueden tener una canción especial que canten de noche.

Esta familia pasea en un auto en 1960.

Cada familia tiene sus propias tradiciones. Compartirlas forma parte de ser una familia. Los niños aprenden acerca de las tradiciones gracias a los miembros mayores de la familia. Las tradiciones nos ayudan a mantenernos cerca de nuestro pasado.

Este abuelo enseña a su nieta a escribir en chino.

Las familias comparten una historia. Los niños crecen. Y tienen sus propios hijos. Las madres y los padres se hacen mayores. Se hacen abuelos. Muchas cosas son iguales para las familias de hoy que para las de hace mucho tiempo. Pero otras no lo son. Todos nosotros cambiamos y crecemos.

A esta familia le gusta pasar tiempo reunida.

Las familias vienen de muchos lugares. Se ven diferentes. Tienen diferentes tradiciones. Pero lo que hace que todas las familias sean iguales es que se aman.

Mi historia familiar

El estudio de la historia familiar se llama **genealogía**. Tu genealogía cuenta la historia de tu familia a lo largo del tiempo.

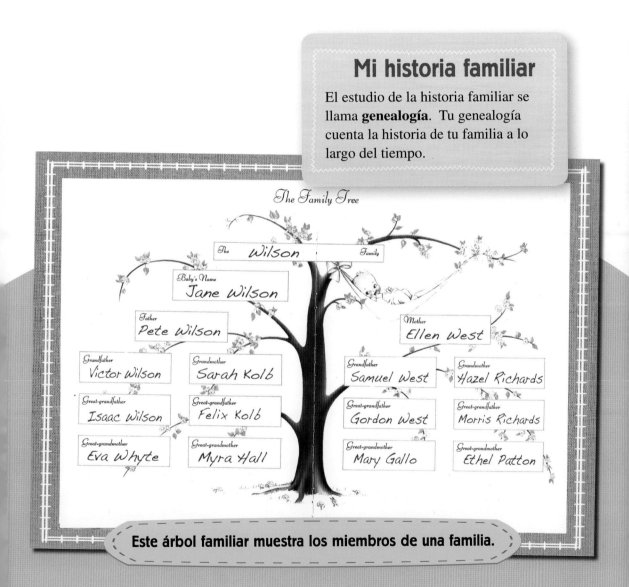

Este árbol familiar muestra los miembros de una familia.

¡Compártelo!

Comparte las tradiciones de tu familia con tus amigos. Pregúntales por las tradiciones de sus familias. ¿En qué sentido sus tradiciones son diferentes? ¿En qué se parecen?

Glosario

celebraciones: cosas especiales o divertidas que hacen las personas para un evento o día festivo importante

fábricas: lugares donde se hacen cosas para ser vendidas

familiares: miembros de una familia

genealogía: la historia de una familia

ley: una regla hecha por el gobierno

máquinas: cosas que la gente crea para que los trabajos sean más fáciles

recuerdos: cosas que la gente rememora sobre el pasado

relacionadas: conectadas de alguna manera

reuniones: encuentros de personas que no se han visto en mucho tiempo

tradiciones: formas de pensar o hacer cosas que han sido usadas por un grupo de personas o por una familia durante mucho tiempo

Índice analítico

¡Tu turno!

Diversión en familia

Esta familia se divierte en un bote. Las familias se divierten juntas de diferentes maneras. ¿Cómo se divierte tu familia en grupo? Haz un dibujo que muestre a tu familia divirtiéndose.